aotubiografia
Jérôme Poloczek

Esta tradução teve o apoio da Federação Wallonie-Bruxelles

ABOIO

aotubiografia
Jérôme Poloczek

TRADUÇÃO
Natan Schäfer

Quanto à aotubiografia	19
Quanto ao espaço	25
Quanto ao outro lugar	29
Quanto ao acordar e ao adormecer	33
Quanto ao ciúme	37
Quanto ao amor	41
Quanto ao isolamento	45
Quanto à alegria	49
Quanto à humildade	53
Quanto ao corpo	57
Quanto ao comer	61
Quanto ao envelhecer	67
Quanto à amizade	73
Quanto à provação	79

Eu é tu

Conheci Jérôme Poloczek no interior da Bélgica em agosto de 2022, mais precisamente no castelo de Seneffe, em uma residência para autores e tradutores.

Após adentrar as dependências do castelo me sentei à mesa com os demais recém-chegados e, meio ingenuamente, me esforçava para desviar a conversa das banalidades, que constituem o tatear característico dos primeiros contatos, rumo a labirintos que me proporcionam mais diversão — foi aí que Jérôme apareceu. Todo de preto, vinha atravessando o pátio a passos largos com suas pernas compridas e, ao puxar a cadeira para sentar-se, ergueu os óculos escuros, dizendo: "Oh!, já estamos nos debates intelectuais". Manifestando um humor fino e sutil, que iria vigorar ao longo de todo nosso convívio, essa intervenção inaugural resume em grande medida a visão de mundo e os posicionamentos de Jérôme, inclusive no que concerne à literatura.

Não demorou para nos tornarmos bons colegas até que, alguns dias depois, em uma das noites no bar Les Mélomanes — não lembro bem se foi naquela em que o poeta acabou caindo no rio —, declarei em um tom formal que ele tinha em mim um amigo. Jérôme, que é íntimo das palavras, compreendeu de imediato o gesto, respondendo algo como: "Isso não é brincadeira". E assim estava lançada, para além da estadia no castelo, uma ponte inédita entre a Bélgica e o Brasil.

Em algum momento daquela residência finalmente os livros e plaquetes de Jérôme apareceram sobre uma mesa coberta com uma toalha vermelha. Prontamente, sequestrei o *Aotubiografia* e, ao folheá-lo, foi amor à primeira vista. Um ano depois, no inverno brasileiro, tento reproduzir experimentalmente o que certamente também fiz naquele verão belga ao pegar o livro na mão. Agora, abrindo-o novamente ao acaso, encontro:

> *No último verão escondi livros em livros em uma biblioteca do novo mundo.*

Aotubiografia me cativou por esta enorme simplicidade que traz consigo uma igualmente grande complexidade, sem jamais renunciar à delicadeza. Como eu suspeitava, Jérôme é um destes verdadeiros insubmissos ao pouco de realidade dada, que prescindem de rótulos e que, em grande parte graças à sutileza de um olhar associado à rebeldia radical, leva o movimento adiante.

Poucos minutos antes de me despedir dele na estação de Nivelles eu comentava que, ao propor em uma rodada do *jogo das perguntas e respostas*[1] que o legendário poeta-pintor Jacques Lacomblez definisse o amor, este último me dissera que o amor não se define e quando definido é porque não existe. Diante disso, mais uma vez Jérôme manifestou sua revolta contra esse tipo de perspectiva, que denomina "metafísica". Pois, como me dissera no pátio do castelo, "é justamente disso que nós, os poetas, somos acusados; de ficar olhando para as estrelas, como nefelibatas, o tempo todo voltados para metafísicas".

Jérôme, por sua vez, olha e ouve o comezinho, o cotidiano. Algo que, aliás, foi muito praticado por brasileiros como Manuel Bandeira e Carlos Drummond de Andrade e que, mais recentemente, se tornou objeto de um comentário realizado

---

1   Vide "O diálogo em 1928" em A Fresta, disponível em: < https://aboio.com.br/1-a-fresta-o-dialogo-em-1928-natan-schafer/ >; acesso em 1º de outubro de 2023.

pelo polêmico narrador de um romance em obra do editor de *Aotubiografia* no Brasil, Leopoldo Cavalcante:

> *a única explicação razoável para tantos copos quebrados em livros femininos (...) [seria uma suposta] adesão das leitoras brasileiras a uma poética difusa, a poética dos atos miúdos e cotidianos. Em outras palavras, é o tipo de clichê moderno que impulsiona as vendas (...).*

Da minha parte sempre quis acreditar que esse "clichê moderno" constituído por uma "poética dos atos miúdos e cotidianos" é mais incomum no Velho Mundo do que neste Novo. Além disso, ainda que houvesse correspondentes por lá — como no século passado poderia ter sido Apollinaire (ou Odile Kennel[2] neste) —, mapeamentos à parte, algo me faz crer que a abordagem de Jérôme de alguma maneira marca uma distância e uma diferença com relação aos heróicos modernistas.

Se por um lado Jérôme se encontra nos antípodas das repartições públicas e do carreirismo — a última notícia que tive dele é que andou nadando com tubarões na Bretanha[3] —, por outro talvez até compartilhe com Drummond algo da piada à la Charles Chaplin. Assim, além de atualizar a simplicidade e descrevê-la com os termos de seu tempo e emoções contemporâneas, encontra aquilo que, a meu ver, está dentre as coisas mais belas que podem ser registradas — ou quem sabe criadas — pelas artes de todos os tempos: os *achados* como, por exemplo, "você já mediu cinquenta centímetros" e "seu pai teve sete anos". Por

---

2   Vide, por exemplo, os seguintes versos do poema "E então começa de novo com o verso", de Odile Kennel, traduzido por Ricardo Domeneck: "(...) ouvir o tilintar / de vidro para reciclagem e então pensar / que não penso em nada, preciso / que o sapato seja apenas sapato, / uma geladeira, uma geladeira, / e o despertador, que algures / toca todos os dias à mesma hora, / apenas um despertador, que algures / toca todos os dias à mesma hora (...)".

3   "Jamais imaginei que um dia dividiria minha banheira com uma tubarão", me escreveu ele no dia 26 de setembro de 2023.

sinal, é isso que me faz pensar que Jérôme não somente olha e ouve a magia do cotidiano, mas que de fato é *fisgado* por ela como, por exemplo, dizem que Jacques Lacan era pela irrupção do inconsciente. Cabe ainda notar que a escrita de Jérôme — que, sublinhamos, inclui suas performances e realizações plásticas — é o tempo todo atravessada por ecos de visões de mundo reputadamente orientais, como taoísmo ou budismo, e marcada fundamentalmente pelo corpo e sua presença.

Essa conjunção entre o corpo em movimento, olhar esvoaçante e orelhas em riste é fruto de uma sensibilidade extraordinária para a vida viva. Portanto, não é à toa que Jérôme leva tempo para escrever essas coisas — "encontrar a boa forma para um texto demora!", me escreveu ele esses dias.

Tive o privilégio de *ver* Jérôme trabalhar em suas *Prosinhas políticas*: aparecendo de manhã cedo; sentando à mesa do café em silêncio ainda marcado pelos relevos da noite; saindo lentamente para caminhar; mergulhando na piscina olímpica; tomando um chope no bar da esquina; tirando o Ray-Ban Wayfarer e revelando no rosto a sombra pálida dos óculos desenhada pelo sol; e, segundo ele, o tempo todo pensando no texto — mas não só. Também anotando, afixando fragmentos nas paredes, distribuindo o escrito pelo espaço até encontrar um senhor de bigodes de algas aqui, uma senhora com musgo na bunda ali, e reescrevendo exaustivamente, deixando a matéria encontrada ir se modificando, indo e voltando sobre as decisões, procedendo como em seus desenhos a carvão, apagando e apagando e apagando, esculpindo, até não restar mais que uma noz, uma castanha de texto, onde o condensado faz jus ao parentesco ficcional com a poesia[4].

---

4 Na língua alemã o radical *dicht*, presente no verbo *verdichten* ["condensar"], pode ser encontrado nos termos *Dichter* e *Gedicht* — que podemos traduzir respectivamente por "poeta" e "poema". Isso levou Ezra Pound a propor, no capítulo IV de seu *ABC da literatura*, a seguinte equação: "Dichten = condensare". Entretanto, a hipótese etimológica mais em voga

É o fruto de um trabalho de destilação dessa ordem que encontramos cristalizado em *Aotubiografia*, conjunção de tu e eu que gera nós.

E não poderia concluir esta apresentação sem mencionar de passagem que a presente tradução exigiu um considerável esforço para a criação da dicção de Jérôme em nossa língua, de modo a fazê-lo efetivamente falar português, não só como um ventríloquo que recebe de presente uma das vozes já disponíveis nas prateleiras, mas conquistando a sua sob medida, que lhe seja própria e que daqui em diante possa ser acrescentada ao acervo e pertencer a mais alguém, isto é, à gente.

Assim, é como se partindo com Jérôme do "eu é um outro" de Rimbaud e, se encontrando com um "eu e tu" riscado na casca de uma árvore, se fizesse uma pequena incisão aguda sobre a conjunção aditiva, de modo a obter o verbo: "Eu é tu".

Natan Schäfer
Curitiba, 16 de junho – 2 de outubro de 2023

---

hoje localiza origens distintas para *Dichtung* com o sentido de "poética" e *dicht* com o sentido de "denso", defendendo que aquela provém do termo latino *dictare* e esta, do germânico *dihte*. Apesar disso, a similaridade fônica e suas conseqüências semânticas, que permitem aproximar o poema do condensado, continuam sendo férteis e dignas de nota.

Natan e Jérôme por Katica Acevska, Seneffe (2022).

Recado do tradutor

"À propos", que traduzimos por "Quanto a", também poderia ser traduzido por "Sobre". No entanto, evitamos esta última opção por estarmos fartos do uso indiscriminado de construções do tipo "não é sobre…, é sobre…", decalque do anglo-saxão "it's/ it's not about…" que é não apenas uma péssima tradução mas também muleta retórica cuja utilização é no mínimo tão discutível quanto os preceitos morais aos quais ela costuma estar vinculada.

Além disso, optamos por utilizar de maneira deliberadamente irregular os pronomes de segunda e terceira pessoa, seguindo menos a gramática normativa e mais as tendências orais de uma grande parcela dos falantes de português brasileiro. Com esse erro gramatical acreditamos acertar o espírito de *Aotubiografia*.

*Descrever minha vida com precisão
levaria mais tempo do que vivê-la.*
Édouard Levé

Quanto à aotubiografia

Há um cubo dentro do quadrilátero da casa. Estou nesse cubo. Tem um espelho na porta do armário. Ali está refletida a janela e uma árvore que provoca vibrações em amarelo, verde, verde--escuro e preto no espelho. Como um pedacinho da janela está aberto, o vento também se faz sentir na minha perna.

Não sou um personagem. Me chamo Jérôme. Estou corrigindo este texto. O apartamento só me conheceu ontem. Você também não é um personagem. Será que você também está em um cômodo dentro de uma forma? Por exemplo, será que você está em um retângulo dentro de um quadrado? Talvez você só esteja lendo ao ar livre.

Tenho três cicatrizes na virilha direita. Poderia dizer outra coisa, eu sei. Durante muito tempo tive vergonha de falar sobre mim. Agora não vejo mais por que, já que a gente se parece. Aliás, um dia tentei dar uma de vidente. Dentre minhas experiências, busquei aquelas que tu viveu. Tentei escrever uma autobiografia na segunda pessoa. Uma autobiografia em tu. Uma *aotubiografia*.

Então imprimi todas aquelas frases em fitas. Depois as pendurei numa parede, e pessoas começaram a trazer as próprias roupas. Quando uma das frases correspondia a uma lembrança, a pessoa pegava a fita para costurá-la na roupa.

Por exemplo, uma moça costurou a frase "Você se intrometeu" na gola da jaqueta. Uma mãe costurou "Você já mediu cinquenta centímetros" no vestido da filha. Um amigo escondeu "Seu pai teve sete anos" na manga da camiseta. Uma amiga colocou "Você quis morrer, mas passou" na dobra do moletom. Foi ontem que ela me mostrou. Como a linha da fita estava se descosturando, ela fez um remendo. Tanto você quanto eu somos parecidos com aquelas pessoas e, mesmo que não te conheça, me pergunto que frase você teria escolhido. Você pode imaginá-las numa parede. Cada linha, uma lembrança. Pode escolher uma e, se ela corresponder a uma lembrança sua, pode tirar os alfinetes.

Dava para ver tua penugem na luz.
Teus músculos estavam fracos demais para te fazerem sentar.
Você pronunciava apenas sons.
Você continuava brincando com desconhecidos.
Quando um dos teus dentes caiu, tua língua apalpou a raiz.
Você cantarolava o alfabeto.
No escuro, você viu sombras.
Você tinha menos pintas.
Dentre tuas cicatrizes, você sabe de onde vem a maior.
Te contaram a origem do teu nome.
Quando a água atingiu teu peito, você estremeceu.
Teu pai já teve treze anos.
Você cogitou que tipo de acidente seria capaz de matar uma pessoa.
Você se intrometeu.
Você jamais encontrou um ser que pudesse ser você.
Saber que uma pessoa estava te esperando te fez querer chegar.
Te desmentiram.
A pessoa que deveria te ensinar disse uma bobagem.
Quando a chuva encharcou tuas roupas, você se deixou molhar.
Com tão pouca roupa, você se sentia sem nada.
Você correu de um bicho.
Moscas encostaram a boca em ti.
Aquela substância jamais foi produzida pelo teu corpo.

Você queria fazer amor com aquela pessoa, mas não lhe disse.

Você quis morrer, mas passou.

Te pareceu injusto que alguma outra pessoa tenha tirado a sorte grande.

Teu comichão se deslocou só porque você tentou se coçar.

Ter ido embora seria expor-se à tiração de sarro.

Você se sentiu mal porque alguém estava se sentindo mal.

Você conversou com um animal mesmo sabendo que ele não te responderia.

O que você foi está em imagens.

Ao tocar teu palato você vai sentir teu crânio.

Teu cotovelo é careca.

Tuas unhas estão crescendo.

Ao chupar teu dedo você vai sentir teu sexo.

Outros fabricaram o que você digere.

Com frequência você dorme na mesma posição.

Tua bexiga se enche.

Você achava velhas as pessoas que hoje têm a tua idade.

Você vai piscar.

"Você quis morrer, mas passou",
etiqueta costurada numa jaqueta de couro.
Bruxelas, 20.05.2012

Quanto ao espaço

No número dez da rua de la Grande-Île desconhecidos continuavam costurando frases em suas roupas. Tive de ir embora e subir numa bicicleta para encontrar uma moça e dois rapazes. Entrei no carro e ele fez uma escala parando em frente a uma casa. Ainda que ali houvesse quatro quartos, quis dormir na rede do jardim. Que ideia idiota, a noite estava fria.

Na manhã seguinte a estrada passou ao lado de uma central nuclear. Mais à frente, um zoológico continha crocodilos albinos, e na cidade treze espectadores estavam nos aguardando.

No palco, vesti um capuz de pompons azuis. Não dava para ver nem meus olhos nem minha boca.

Colocar um capuz de pompons azuis era uma maneira de se tornar qualquer um. O capuz disse frases da nossa aotubiografia. "Outros fabricaram aquilo que você digere", "Dava para ver tua penugem na luz", essas frases que agora você já conhece. Mas antes de prosseguir, os pompons ficaram quietos. E, quando prosseguiram, disseram que a gente está em algum lugar, sempre.

Aqui bate luz, em algum lugar não.

Você jamais está sem companhia. Mesmo que você não veja, tem uma aranha ou algum outro corpo bem pertinho de ti.

Teu corpo esmaga matérias menos densas do que teus ossos.

Aquela aranha, ou algum outro ser vivo, estava vivendo debaixo do teu peso. Você vai levar uma parte dela contigo ao ir embora.

As matérias mais densas que teus ossos estão debaixo dos teus pés. Ou então foram imobilizadas, de modo que não te esmaguem. A terra não treme, um teto se mantém firme, paredes não desmoronam.

No entanto, em algum lugar acaba de acontecer um acidente.

Se um teto caísse, ele te esmagaria. Se caísse bem do teu lado, esmagaria outras matérias. Elas seriam retiradas dali e iriam viver em outro lugar.

Aqui é onde você está. Ali é de onde vêm os barulhos ou as imagens.

Lá é mais longe do que aqueles barulhos e aquelas imagens.

Aqui os passarinhos cantam, em algum lugar não. Nenhum lugar é isento de barulho. O silêncio é um estrondo que a gente não ouve.

Em toda parte o chão e o céu se distinguem por suas cores e suas matérias. Você jamais viu algo que não estivesse na luz. Você pensou que não havia luz. E mesmo que uma luz parecesse fixa, ela se modificava.

Em toda parte quer dizer na Terra. Mas na Terra não é em toda parte. Em algum lugar a luz não se modifica. Em algum lugar um corpo não tem um corpo perto dele. Em algum lugar o chão e o céu são a mesma coisa. Em algum lugar nada faz barulho.

Leitura com um capuz de pompons azuis

Quanto ao outro lugar

Não tão longe dos crocodilos, subi, desci e subi de novo para descer pela última vez. No meio-tempo, bebi e comi sentado em umas pedrinhas.

Depois disso, no terceiro dia de montanha, visto que os elásticos das estacas arrebentaram, desisti da barraca e me coloquei em posição de sapo debaixo da chuva. A lona ficou gotejando metade de uma noite toda.

Então retornei e e me hospedei num apartamento cuja proprietária estava saindo de viagem. Cheguei de táxi com três caixas, dormi e nadei durante dez semanas.

Quando a proprietária voltou, aterrissei sem me molhar no banheiro de um músico que também estava cruzando o oceano, porém em sentido contrário. Deitei em sua banheira e meu território decolou naquele novo mundo. Eu já não pertencia nem a uma cidade, nem a uma terra. Bebi uma garrafa de vinho enquanto comia uma pizza.

Em seguida, cruzei novamente o oceano para encontrar um camponês de menos de cem anos numa cidadezinha pequena. Ele falava dentro do quarto em que nasceu, nunca se mudou e pertinho dele uma caixa de correio tinha o formato de uma casa. Me pergunto quantos quartos conservaram teu cheiro. Da minha parte, faz tempo que nos espalhei por outros lugares.

Em outro lugar, uma casa. Você não sabe quem mora nela. Ali estão as lembranças de outros. Um avô que não é seu. Ele está descansando e conhece de cor aquilo que você está descobrindo. Para ele, cada canto é um ponto de referência. Para você, os edifícios, as plantas, uma esquina, tudo não passa de um detalhe.

Você não sabe se o tempo lá fora é atípico. Será que você trouxe as roupas adequadas? Você poderia encontrar a maior parte delas aqui. No entanto, se você as perdesse, se sentiria com uma mão na frente e outra atrás.

Aqui a luz te parece especial. Remota, a da tua casa se tornou um pensamento. Você anda a pé com mais frequência e, ao pegar um caminho, se pergunta se é um atalho. Será que aquelas pessoas caminhando em pleno dia estão de férias? Te impressiona que elas não achem seu próprio comportamento nem um pouco exótico. Como elas dão pinta de saberem aonde vão, você pode achar que não sabe para onde está indo.

Em outro lugar, você já inventou uma ocupação por medo de ficar sem nada para fazer. Anotar, fabricar imagens, traçar um percurso. Quando você está em casa, os dias podem passar um depois do outro. Aqui você precisa de um momentinho antes de pegar o ritmo.

Em outro lugar, você já buscou a solidão. Ela era mais luminosa. Você também já tentou se agarrar a alguém. Agora, a solidão é mais dura.

Nesse lugar novo realmente você não pode prescindir dos outros. Para te orientar ou encontrar alguma coisa, você pode perguntar a alguém. Tua curiosidade fica aguçada. Falam contigo e, mesmo que você entenda, as palavras às vezes soam bizarras. Você sente mais familiaridade com os animais e as crianças. Se eles te olham, você sorri de volta. Se eles vêm até você, é como se você fosse daqui.

Você esmiúça aquilo que te rodeia sem vontade de arrumar a bagunça. Aqui e você, vocês não se separam. Mas você bem pode procurar uma âncora em meio às casas, ao trajeto e às pessoas.

Em outro lugar te ocorreu ficar se perguntando se você precisava de um lar. E se um lar é um lugar.

Caixa de correio com o formato de uma casa

Quanto ao acordar e ao adormecer

A cama de minha infância foi desmontada. Outros podem dormir no meu quarto. Eu durmo em outro lugar. Contudo, quando minha avó estava para morrer, minha mãe ficou com medo da morte. Então fiquei de visita naquele quarto e percebi o quanto era estreito.

Você poderia fazer a seguinte experiência com um caderno ao lado do travesseiro. Preste atenção quando estiver começando a adormecer. Depois, pela manhã, preste atenção quando estiver acordando. Fiz essa experiência naquele quarto estreito. Mais tarde, relendo meu caderno, me dei conta do quanto o acordar era capaz de descrever um nascimento e o adormecer, uma morte.

Será que um caderno ajuda a encarar a morte de uma avó? A ter carinho por seu corpo encarquilhado, ficando mais parecido com o de um neném?

Ela abriu um olho. Acreditei que ele estava perguntando para onde ela estava indo. Não ousei murmurar tudo bem, tranquilo não saber para onde. Saí e ela, ela se foi nos braços da enfermeira que lhe dava banho. Ela foi cremada depois de uma cerimônia em que flores do campo foram projetadas numa tela.

No caderno encontrei o acordar.

Um som foi emitido. Formigamentos atravessaram tua carne. Você mal se mexeu. Formigamentos. Os sons foram emitidos separadamente.

Você abriu os dedos. Eles se afastaram uns dos outros e os formigamentos foram sumindo.

Você esticou os dedos dos pés, teus pés se estenderam.

Teu joelho inclinou tua bacia.

Você abriu uma boca. Tua língua se recurvou, contraída. Isso fez teu braço se mexer um pouquinho.

Você fechou a boca. Aquilo que envolvia tuas costas deslizou.

Você avaliou o quanto precisava assoar o nariz.

Você inspirou bastante ar. Expirou bastante ar. A luz te seduz.

Você fechou as pálpebras. Teus dedos apertaram, puxaram, apertaram, puxaram.

Você abriu bem os olhos.

Você pensou sou.

Sou e estou aqui.

O que tem para fazer, quando?

Será que está claro? Será que tem sol?

Depois encontrei o adormecer no caderno.

A impressão de que ao redor dos teus olhos a carne vai inchar lentamente.

Tua cabeça vai esquecer de se manter firme.

Você vai inspirar com força. Os formigamentos vão se dispersar.

O pensamento vai se aglutinar atrás de tuas órbitas. Você vai ter a impressão de estar derretendo. De que teu peso está se comprimindo.

Barulhos vão escapar.

A expiração vai transbordar, vai pausar.

Tua saliva vai se acumular em teus lábios.

O que acontecer, vai acontecer sem você.

Pode ser que tua saliva escorra.

Um cantinho preto, invisível e carinhoso.

Você vai entrar.

Nelly, 1923 - 2013

Quanto ao ciúme

No cubo dentro do quadrilátero termino de reler este texto e, no espelho, os galhos da árvore continuam se mexendo. Aquela com quem peguei no sono me diz que dormi bem. Que ela ficou com vontade e que, então, tocou uma. Pergunto se ela gozou e ela diz que sim.

Às vezes também deixo meu desejo ir aumentando até que ele exploda. Os cérebros e os ossos que abrem nossas pernas e posicionam nossas mãos, nossos cheiros, nossas salivas e nosso gozo nos pertencem. Apesar disso, vivemos algo juntos. Apesar disso, às vezes gozamos juntos.

Às vezes me acontece de cruzar com uma pessoa e denominá-la aquela que poderia ser a pessoa da minha vida. Igual a moça na chácara depois que tirei o capuz de pompons azuis. A alguns quilômetros dos crocodilos albinos, um tecido dava a impressão de uma forma viva. Seu sexo no meio das pernas. Sua voz saindo da barriga e ela tinha gozado dezenas de vezes sem mim. Eu sabia que poderíamos ter nos reaproximado e a gente sabia que não ia fazer isso. Isso não era triste, era possível e alegre.

A tristeza já te deu vontade de se enfiar em um canto para que viessem te consolar.

A alegria também te deu vontade de sair, de conferir o quão clara estava a luz. Vontade de encontrar novamente algo inesperado e, por que não, de passar um tempinho perto daquele algo.

Lá fora está cheio de gente. O vigor, o riso, a novidade, a beleza e o carinho daquelas pessoas podem te dar vontade de acolhê-las, isto é, de ficar na companhia delas.

Pode te causar insegurança que uma pessoa seja leve e feliz. Em contrapartida, se ela precisa ser consolada, pode ser que o nó na tua garganta se desfaça. É o teu ciúme que tem medo.

Desconhecida, fotografia encontrada

Quanto ao amor

De volta ao novo mundo vou fazer xixi na parede de uma igreja. Ela é da altura dos prédios e transforma os humanos em bichinhos singulares. A igreja mostra que estava ali antes de mim e que estará ali depois de mim. Que nós passaremos e que outros bichos serão acolhidos.

Seus bancos poderiam aguentar duas mil bundas. Sou o único. Nessa igreja ninguém morde. Nessa igreja não se troca saliva. Será que nessa igreja podemos amar todo mundo? Para fazer graça disse duas mil bundas. Me pergunto se podemos amar todo mundo e se, caso amemos todo mundo, amamos como amantes ou como crianças.

Passam cinco humanos. Há matérias em digestão na barriga de cada um deles. Eles observam uma pintura de uma mulher entregue, mãos postas e de joelhos. Quem ela ama transborda dos corpos, os atravessa e sobrevive a eles.

Ainda que você ame os outros, há uma presença que te põe em alerta. Tua saliva se acumula nas bochechas. Fica mais difícil se concentrar. Você não ficar olhando unicamente seu rosto. Você não quer ficar olhando unicamente suas coxas. Seu corpo te parece único. Se ele mudasse, a relação de vocês mudaria.

Essa matéria te fascina. Suas panturrilhas, seus ombros, seus olhos exprimindo suas reações. Você gostaria de descobrir todas aquelas dobras, seu passado, seu imaginário, seus desejos. Cada detalhe aguça tua curiosidade. Você tem a intuição de que vai desdobrar uma paisagem ao desdobrá-las. Mesmo que você adivinhe que jamais vai desdobrá-la inteiramente, a paisagem que você deseja está ali, bem pertinho de ti, enquanto tua saliva vai se acumulando.

É isso que te atrai e perturba. É o que ela contém, aquela pessoa que talvez não tenha consciência disso. Alguma coisa transborda de seu corpo. Você gosta é do amor. Você não sabe a quem agradecer.

Você usa a palavra "amar" para se referir à sua irmã, a um amigo ou a um cachorro. No entanto, ao visualizá-los nus, o que você visualiza é uma matéria a ser abraçada, lavada, massageada ou cuidada. Você deseja que os corpos deles não sejam danificados. Mas você não os considera mais preciosos do que o teu próprio. Vocês se amam quando vocês conversam, se entreolham, se encostam. Na presença deles, tanto faz quem você é, tanto faz saber a que tempo e espaço você pertence.

Com os outros teu amor é mais controlado. Um momento de discordância vai ser esclarecido. Nada impede que o carinho volte.

Com aquela pessoa que você ama de um jeito diferente, um momento de discordância pode indicar uma transformação. Se o desejo de sentir a matéria e o que ela tem de especial, de descobrir ali um território transbordante, se o desejo de esquecer quem você é ao mesmo tempo em que você se reconhece ali, se aquele desejo não voltar — e se o sofrimento não impedir —, seu amor irá se juntar aos teus outros amores. Menos especiais, mais controlados, mais reconfortantes. Um amor que não tire a concentração. Um carinho diferente.

Basílica de São Patrício, Montréal

Quanto ao isolamento

Lembro bem. Debaixo da chuva da montanha, em posição de sapo, fiquei pensando no Guy, que foi atacado na África. Que em seguida acordou em um hospital desconhecido na terra em que nasci. Onde o pessoal da administração escreveu o nome dele errado. Jason Guillaume virou Guy e para voltar a ser Jason ele teria de pagar. Ele preferiu não.

Logo depois, com minha amiga, a gente foi dois para ser três. Ele nos contou sua vida e a gente colocou seus destroços em cinquenta livros. Quando ele abriu um deles, ficou quieto.

O destroço do qual mais gosto é o acampamento solitário no deserto. O som do fogo torna o silêncio audível. De repente, o ronco de um motor girando em volta das chamas. Um beduíno desce do jipe. Eles passam a noite conversando com Guy. O beduíno é mudo.

Estou falando e poderia ter dito outra coisa. Somos gorjeios acidentais. Eu poderia até mesmo não falar nada, mas é difícil saber que existimos sem falar com alguém.

Antes eu também acreditava que ficar quieto era mais puro. Meu orgulho era igual à minha crença de ser anormal e ao meu medo de ser rejeitado. Agora acredito que sou único como uma planta, que você é tão singular quanto uma folha.

Aliás, me pergunto se, do mesmo modo que os cachorros se parecem com seus donos, escolhemos plantas que se parecem conosco. E se nos sentiríamos mais sozinhos sem elas. Aliás, queria ir de caminhonete buscar as plantas de seis amigos para colocar o nome de cada um deles ao pé delas. Um conjunto abundante de suculentas se chamaria Tatsuya. Um conjunto mais mirrado se chamaria Julien. Tatsuya e Julien viriam me visitar naquele cômodo todo verde. Em meio às folhas, me contariam como se sentem em sua casa sem plantas.

Penso nisso e penso que Jason não tem plantas. Penso que seu nome iria figurar ao pé de um conjunto vazio. Ao pé de uma ausência. Penso nisso e me pergunto se Jason se dá bem com ela ou se ele se sente sozinho.

Pessoas. Elas se dedicam umas às outras. Nenhuma delas entra em contato contigo. Você se culpa por ter desejado vir e faz pouco caso do desconforto. O comportamento delas, sua aparência, conversas e relações formam uma cultura, o amálgama de uma comunidade. Bem que você queria dar a entender, mas se não perceberem, você teme que isso sublinhe tua exclusão.

Agora teu isolamento se torna maior do que quando você estava só. Ainda que ficar só tenha te parecido fácil, como um fechar-se. Ainda que você achasse bobo não se juntar àquelas pessoas. Ainda que, reconhecendo que elas existem, você quisesse que reconhecessem que você existe.

Jérôme, 11.12.2015

Quanto à alegria

Se eu voltasse para casa com as plantas de meus amigos as limparia bem, regaria e borrifaria água nelas. Desapareceria atrás dos marrons, cinzas e verdes e colocaria uma mesa para desenhar no meio delas. Imagino que desenhar levaria um instante, ao passo que escrever levou meses. Meses para escrever dezessete frases sobre alegria. Para ressaltar que a alegria é deixar de ter tempo a ganhar ou perder.

Atrás dos verdes, cinzas e marrons, imagino dezessete dias. E cada dia imagino um desenho chegando. Dezessete desenhos para dezessete frases. Eu as reuniria em uma coletânea que faria a alegria de desconhecidos na Ásia, na América, na Europa ou na África. Talvez até mesmo de cosmonautas cujas plantas ficaram na Terra.

Para ser sincero, escrever e desenhar também seria uma maneira de fazer alguma coisa ao invés de não fazer nada. Para não ser visto como um oportunista enquanto outros produzem. Apenas desenhar e escrever, não muito. Só o que acontece à medida que se vai vivendo.

Não há tempo a ganhar ou perder. O tempo é um instante, mas você não o sente como efêmero. Você não teme que ele suma. Você não se imagina em outro lugar. Outras coisas para fazer não são mais importantes que o agora.

Não resta dúvida quanto a ser um corpo, e por conta desse corpo, não resta dúvida quanto a estar aqui, e porque aqui. Você sente que está aqui e que é um corpo.

É indiscutível que o que acontece é excepcional. O que acontece basta. Sem esforço, perceber é um prazer. É.

Ainda que as palavras tenham um significado, você mais as escuta do que as entende. Uma bobagem qualquer rende ao menos uma música. Teus olhos não se fixam nos ângulos dos objetos. Você não olha para o chão. E se chega uma pessoa desconhecida você confia nela. Ela gostaria de ser acolhida.

Uma pessoa anda na neve, desenho sobre post-it

Quanto à humildade

No último verão escondi livros em livros em uma biblioteca do novo mundo. Eles tinham um polegar de altura e duas unhas de largura. Dobrados em sanfona, se chamavam *Meio escondido*. Cada sanfona pedia a quem a encontrasse que a escondesse entre as páginas. Como um bicho que passou despercebido. Ele se mexe por um instante e depois não o vemos mais. Mas supomos que ele segue sua vida. Como em um livro fechado, um livro que seria sua toca.

No último inverno encontrei um daqueles livros e procurei a sanfona. Ela se foi.

De repente, atrás da janela panorâmica, passa uma pessoa na neve. Ela saltita para a frente e a neve vai ficando para trás. É uma pessoa desconhecida, mas que não é qualquer um. Todos aqueles anos ela desfrutou de sua infância e de seus alimentos e de seus pensamentos, sempre, até pegar no sono. Às vezes até não pegar no sono, pois dentro dela os pensamentos continuavam pensando. Eu a vejo passar da esquerda para a direita. Depois outro bicho aparece. E também o vejo passar. Da direita para a esquerda.

Você sabe aonde você vai e porque, mas, de repente, uma tomada de consciência te pega de surpresa. Você ainda não esboçou o gesto e imagina a ação já extinta, quando você não existir mais. Você imagina teu rastro se apagando à medida que segue em frente. Você imagina que, a nível de espaço, você é um ponto. Você imagina milhares de indivíduos, pontos apressados indo de um lugar para outro, projetando ações cuja importância lhes parece grande. Você os imagina ao nível de uma ínfima parte do espaço. Pontos mal e mal se mexendo e que irão desaparecer.

Perceber-se no centro do mundo, se preocupar com um horário, tudo isso te parece ingênuo. Como se fosse absolutamente necessário que você agisse e agisse para não deixar o mundo parar. O mundo vai continuar. Mesmo sem você, é claro. Mesmo sem a gente.

Pois é, estranhamente tua tomada de consciência não dura muito.

Você segue viagem e novamente se apressa, com horário e datas na cabeça. O ponto que você era voltou ao seu tamanho animal. Você não percebe mais o espaço a partir de um ponto de vista tão grande que você tem de imaginá-lo. Você não mede mais o tempo em milênios. Você não vê mais teus pés como se estivesse a mil quilômetros de altura.

Livro escondido em um livro,
Biblioteca Marc Favreau, Montréal, 12.08.2014

Quanto ao corpo

Teu pai mediu sete centímetros, eu medi oitenta e oito e, quando cheguei a cento e oitenta e seis centímetros me tornei professor. No fim da tarde, a sala parecia uma tempestade tragada pelo mar. Exaustos, os bancos, as carteiras e o tumulto podiam estar sendo sonhados. Uns duzentos corpos, umas quatrocentas pernas tinham passado por ali. Dois mil dedos e quantos dentes?

No entanto, no começo do ano, todos os olhos estavam ligados quando contei a história do náufrago na primeira aula. O mar devolve alguém que escapou são e salvo. Nada para comer. O náufrago está com fome. Ele come a parte mais dispensável de seu corpo. O dedo mindinho do pé. A fome aperta. Comer o quê? O pé, a mão? A fome aperta. Para comer, o náufrago come a si mesmo. A história é um conto, o herói, um ogro.

Atentos, os adolescentes eram lobos. Mas ao longo de semanas, a maioria daqueles olhos foi ficando encoberta. Alguns se irritavam por serem domesticados, outros por não poderem escolher seu mestre.

Então me demiti. Porque não sei o quanto desapareceria se meu dedo do pé desaparecesse. Eu sequer sei se sou alguém. Falar para dezenas de animais era muito delicado. Te dizer isso, até que vai.

Pessoas vivem sem braços, mas é preciso estômago para sobreviver. A forma do seu muda microscopicamente.

Você viveria sem cabelo, mas não sem cu. Ele muda microscopicamente de forma.

Você poderia viver sem nariz, mas não sem sangue. Pense bem, você não é o teu sangue.

Você viveria sem língua, mas não sem cérebro. Um cérebro é feito de partes. Cada uma dessas partes tem partes.

Você sobreviveria sem omoplatas. Não se esmagassem tua coluna vertebral. Você não é tua coluna.

Você sobreviveria sem mamilos, mas não sem pulmão. Você não é um pulmão.

Eu poderia viver sem olhos, sem dentes e sem unhas. Agora, se você me tira o coração, teriam de me sepultar. Procurei em meu coração, também não estou ali.

Se eu perdesse minhas pernas, meus braços, minhas unhas, minhas omoplatas, meus mamilos, meu pulmão, minha língua, meus dentes, meu nariz, meus olhos, minhas orelhas, meus cabelos, eu sobreviveria com um cu, um estômago, uma coluna vertebral, um coração, um pulmão, sangue e um cérebro. Partes cujas partes mudam microscopicamente.

Pode procurar. Você não está em parte alguma.

Um dia, meu dedo do pé perdeu a unha, que voltou a crescer

Quanto ao comer

Quarta-feira, vinte e nove de abril, o grande escritor passa o dia com três post-its e um lápis.

Nove horas e trinta e um, esquenta água em uma panela, espreme duas rodelas de um limão com um garfo, derrama a água fervida numa xícara e joga o resto na pia.

Nove horas e quarenta, bebe a água morna e cítrica.

Noves horas e quarenta e cinco, o grande escritor vai ao banheiro.

Nove horas e cinquenta, bebe quatro goles d'água.

Dez horas e cinco, toma uma xícara de café.

Dez horas e quarenta e cinco, corta meio tomate e o esmaga numa baguete.

Imediatamente vai ao banheiro.

Onze horas, uma banana.

Doze horas e vinte e seis, um copo d'água bem grande.

Banheiro.

Doze horas e trinta e nove, um restinho de arroz com duas sardinhas, maçã, cenouras e limão. O grande escritor junta os restos dos pedaços de tomates caídos no prato. Aquece o conjunto com um pouco d'água.

Treze horas e vinte, acabou o papel higiênico.

Quatorze horas e seis, o grande escritor volta ao banheiro. Líquido caindo sobre líquido.

Quatorze horas e vinte e cinco, mais uma vez o banheiro. E, logo em seguida, meio copo d'água.

Quinze horas e nove, dois goles d'água.

Quinze horas e dez, três pedaços de pão, manteiga salgada e geleia de frutas vermelhas. Gole d'água.

Quinze horas e vinte e dois, banheiro.

Dezesseis horas e vinte e cinco, espremer um pedaço de limão, comer sua polpa, beber o chá ao longo de trinta minutos.

Dezessete horas e dez, uma cerveja.

Dezessete horas e trinta, banheiro.

Dezessete horas e cinquenta e cinco, um copo de plástico e, rapidinho, um café. Por segurança, mais uma vez ao banheiro. Três goles d'água direto da torneira.

Vinte horas e trinta, seis goles d'água.

Vinte e uma horas e quarenta e cinco, tigela de arroz, cenoura em cubos, duas sardinhas, tomates em conserva, azeitonas pretas, sal, três dentes de alho. Nham.

Vinte e dois minutos depois, o resto das sardinhas vai em cima do resto dos legumes, que vai em cima do resto de arroz.

Vinte e duas horas e trinta e nove, mais meia tigela. Nham nham.

Vinte e duas horas e quarenta e nove, banheiro. Copo d'água.

Vá lá, mais um copinho.

Vinte e três horas e doze, última ida ao banheiro. Último terço d'água.

Vinte e três horas e quarenta e dois. Último copo. Última ida ao banheiro.

Vá lá, mais um pouquinho d'água.

Última ida ao banheiro.

Ufa, o grande escritor dorme.

Há uma matéria fora de você. Seu cheiro, seu aspecto e textura te inspiram confiança. Se não, você os modificaria ou evitaria pôr a mão nela para que seja levada à tua boca, desça pela tua garganta e deslize para dentro do teu estômago.

Às vezes é um prazer. Às vezes você apenas quer eliminar a sensação de aperto no estômago. Às vezes você quer ocupar a mente.

Pouco importa, você a engoliu. A matéria é uma presença em tua barriga, um peso brevemente ligado à tua garganta. Depois, quinze centímetros antes de tuas pernas se abrirem, a comida se torna uma sensação. Tuas paredes a pressionam dentro de você, ao mesmo tempo que a sentem.

Você não tem dúvida de que será capaz de expeli-la.

Mais tarde você se posiciona. Na maioria das vezes, ainda que você a experiencie desde sempre, aquela passagem continua sendo um prazer cotidiano, gratuito.

Agora aquela matéria se tornou exterior. Ela perdeu a riqueza de suas cores e tem o aspecto de uma terra malcheirosa. Agora você sente a zona entre teu estômago e tuas pernas mais uniformemente, e com menos intensidade. Agora tua garganta está menos ligada à tua barriga e tua mente ficou mais clara.

Logo você vai querer eliminar o aperto na barriga novamente. Ou você vai buscar novamente um prazer entre tua mão e tua garganta. Ou senão tua mente vai buscar só se ocupar. Então você vai levar uma matéria à boca. Você vai fazê-la descer pela garganta e, quando você tiver engolido, você vai piscar.

O dia seguinte ao 29 de abril

Quanto ao envelhecer

Antes de ser professor, eu media cento e quarenta e sete centímetros. Então meus olhos se abriram em uma sala de aula. Escutei a história do desenvolvimento de um embrião como se fosse um conto. Ao longo de nosso desenvolvimento repetimos as modificações que conduziram à espécie humana. Você teve palmas feitas para água, e eu, pelos para evitar roupas.

Bom, já que não me lembro mais como me sentia então, mil vezes menor, fiz uma segunda tentativa de me tornar um adivinho. Adivinhar aquilo que sentimos ao envelhecer. O que vamos sentir quando envelhecermos. Entre dois aquecedores, me perguntei que diferenças perceberia se voltasse ao meu corpo de criança. Eu cairia de uma só vez, ploft, para então me dar conta de percepções que não tinha quando pequeno, mas que senti hoje. Envelhecer seria isso, essas percepções novas caindo em cima da gente.

Passaram duas horas e, ao terminar de escrever, fui pegar minha bicicleta. Assim que comecei a pedalar, me perguntei se desliguei os aquecedores.

É difícil comparar teu corpo com as sensações que você tinha quando criança. Você sentia menos os músculos da coluna vertebral. Hoje, tuas costas têm mais dificuldade de se curvar para trás. Se você se coloca em posição de flor-de-lótus, os músculos entre tuas coxas e tua bacia ficam doloridos mais rápido. As articulações dos teus joelhos e dos teus pulsos estralam com maior frequência.

Apertar tuas panturrilhas com os polegares te permite sentir a tensão ao mesmo tempo que a relaxa. A tua pele também está menos suave. A pele da tua mão, por exemplo, quando beliscada, volta para o lugar mais devagarinho. Em tuas bochechas, como por todo lado onde uma camada adiposa foi incluída debaixo de tua pele, a gravidade se faz mais presente. Da mesma maneira, tua barriga não fica só inchada ou vazia. Uma matéria que a amolece tomou conta de sua superfície.

Teus cabelos cobrem menos tua cabeça. Constelada de poros abertos, entupidos ou dilatados, tua pele está menos uniforme. Queimaduras ou ferimentos deixaram cicatrizes. Alguns de teus pelos também se tornaram independentes. Os pelos das sobrancelhas, por exemplo, ficaram compridos ou endureceram.

A fricção criou calos debaixo dos teus pés e a cor dos teus dentes está mais complexa. Os contornos deles estão quebrados aqui, puídos ali.

Você se dá conta do cansaço dos teus olhos com mais frequência. Se você pode ir a pé, você já não se apressa. Se do nada você sai correndo, você leva mais tempo para recuperar o fôlego. Quando criança, o repouso era o contrário da excitação. Você esbanjava energia. Antes de cair de cansaço você poderia, por exemplo, começar a chorar e querer e não querer dormir. Hoje, e com cada vez mais frequência, você aprecia o repouso em si.

Você não seria capaz de descrever exatamente a percepção que você tem do seu cérebro. Isso é curioso. Às vezes você esquece de experiências que gostaria de conservar. Como se, cheio demais, teu cérebro descartasse as sensações e os pensamentos que mais cedo teria retido, ainda que anódinos.

Que cores, que sons, que gostos e que texturas as matérias transmitiam à tua pele de bebê recém-nascido?? Quando criança você não pensava nisso. Assim como você raramente pensa nas sensações que teu corpo irá transmitir daqui a quinze anos.

Poderia te acontecer um acidente, uma causa que te seria imprevista. Do contrário, teu envelhecimento vai amplificar teu envelhecimento presente.

Tuas costas serão menos flexíveis, você vai sentir mais a coluna. Teus músculos vão ficar doloridos mais rápido. Tuas articulações vão estralar mais. Tua pele será menos elástica. A gravidade vai agir sobre teu nariz, tuas bochechas, sobre os lóbulos de tuas orelhas. Tua barriga será menos firme. A aparência dos teus poros e a cor dos teus dentes vai se tornar mais complexa. Não será tão habitual sair correndo do nada. Teus cabelos ficarão cada vez mais finos. Alguns dos teus pelos vão endurecer. Teus olhos vão ficar cansados com mais frequência. Você vai esquecer algumas lembranças, outras vão ressurgir à revelia. Você vai saborear cada vez mais o repouso.

Você não vai mais saber se percebia os sons, as cores e os gostos de maneira diferente na idade que você tem hoje. Nem se a textura que as matérias transmitem à tua pele era a mesma. Difícil avaliar até que ponto tuas sensações serão novas quando você tiver envelhecido.

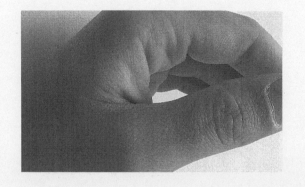

36 anos

Quanto à amizade

Eu tinha recém completado um metro quando fiquei amigo de uma menina. A gente brincava de papai e mamãe. Antes de me tornar adolescente lhe dei de presente um broche em forma de raquete de tênis, mas, adolescentes, não nos interessávamos mais um pelo outro.

Fiquei amigo do filho de um pai que batia. Os outros tiravam sarro da sujeira nas orelhas do filho. Sua mãe queria me amar tanto quanto ele e eu a achava triste.

Fiquei amigo de um dos convidados do meu aniversário. Hoje esqueci seu nome. É um menino em uma fotografia.

Fiquei amigo de um outro menino e quis encostar no tendão que abria sua coxa. Quando voltei do hospital ele não tinha mais interesse por mim.

Uma menina me disse que me amava em holandês. Por timidez, fiz de conta que não entendi. Quando ela dobrava os pés sobre a cadeira eu olhava o tecido revelado pelas pernas abertas. Mais tarde ela se deitou em minha cama para fazer de conta que estava acordando. Eu a filmei, dezoito anos, era verão. Fazia quatro anos que não a via. Poderíamos ter começado uma história e um dia nos separarmos, termos filhos. Acho que ela tem três.

Tive um amigo cuja desorganização era um elogio à minha. Ele não passou no vestibular e esquecemos um do outro. Cruzei com ele há oito meses quando ele estava tirando cuidadosamente um bebê do carro.

Tive uma namoradinha e gostava que ela gostasse de mim. Treze anos mais tarde nossos pescoços se enrugaram e carregamos um ao outro como uma comida estragada, ainda que não saibamos onde está aquele corpo que se foi, com o qual dormimos por anos.

Tive um amigo cujo amigo se tornou meu amigo. Como se fossem coisas que se atraem, as solidões, fracassos e curiosidades deles permitem que as minhas existam.

Tive um amigo e existi demais ao lado dele ou ele ao meu lado. No momento de me afastar ele estava sentado em uma banqueta e eu lhe disse até mais ver sentado em sua poltrona. Nunca liguei tão pouco para o telefone. Agora ele está no Congo, onde minha mãe viveu e tirou uma foto em mil novecentos e sessenta e oito, quando ela ainda não sabia que eu viria a existir. Adoraria lhe escrever, àquele amigo, mas o correio não funciona. Foi o que ele me escreveu.

Espontaneamente, você desvia de humanos como a gente desvia de uma planta. Se você tivesse de memorizar os traços de todos os desconhecidos com os quais cruza, eles ultrapassariam a capacidade das tuas faculdades mentais.

Te veem em um espaço fechado e você ignora o que estão pensando. Você pode ter a impressão de que estão se intrometendo. Se uma mão encostasse em você, mesmo devagarinho, aquele gesto te colocaria em estado de alerta. Mas como vocês estão passando um tempo no mesmo espaço, se ignorar mutuamente seria arrogante. Você diz seu nome e fica sabendo o do outro. Você nota detalhes físicos. A cor dos cabelos, o nariz, o tamanho dos olhos, a largura da boca.

Mais tarde vocês se reconhecem de longe. Se ignorar mutuamente seria motivo de surpresa, exigiria uma explicação. Vocês ficam satisfeitos acenando um ao outro. Uma vez que vocês identificam os rostos um do outro, uma transformação pode indicar o tempo que passou.

Se aconteceu algo, vocês se contam. Vocês ousam expressar um humor triste ou bravo, nervosismo ou tédio. Apostam que o outro vai entender. Vocês estão unidos por uma amizade. Em um lugar cheio de desconhecidos, estar junto deixa vocês mais confortáveis. Vocês se ajudam sem duvidar que o favor será retribuído. E encostar um no outro passa a ser reconfortante, exceto se um gesto evoca uma língua a ser lambida. Então a relação de vocês poderia se tornar frustrante, perder a simetria.

Você aceita que o outro não seja uma pessoa apenas divertida, interessante ou alegre. É claro que, em sociedade, às vezes vocês fazem de conta. Se esta simplificação existe entre vocês, você pode simplesmente ver nisso uma falta de confiança. Afinal, juntos vocês podem suportar humores menos prazerosos e mais complexos.

E visto que ousam discordar, os humores de vocês também podem irritar um ao outro. Pontualmente, você poderia considerar a amizade de vocês complicada. Nesse caso, você vai evitar manter contato. Caso contrário, tua tensão vai provocar uma reação repentina, definitiva, que mais tarde você vai achar exagerada.

Vocês não vão mais se ver.

Se conscientemente você levar essa ruptura contigo, no futuro você vai se esforçar para evitar falsidades com alguém próximo. Você vai se esforçar para considerar cada discordância, cada afastamento como temporário. Para que a conexão perdure, ambos vão dar atenção a isso. Senão, você vai preferir desviar de uma pessoa como dos vários desconhecidos com que a gente cruza, e de cuja existência esquecemos logo em seguida. Os humanos aparecem e desaparecem como plantas.

Congo, 1968.

Quanto à provação

Um dia realmente voltei do Novo Mundo. Naquela noite uma fogueira foi acesa e o aroma me lembrou das minhas panturrilhas cansadas depois da caminhada, quando eu era chamado de lobinho.

Naquele jardim quase iluminado encontrei minhas vizinhas. Uma delas tinha o corpo e o rosto ressecados como uma pedra reluzente, uma pedra que vai se extinguir. Perguntei o que ela andava fazendo. Seu fôlego respondeu ando fazendo um tumor, e ela riu, porque já faz três tumores que ela não morre.

Entre nós, minha outra vizinha tinha voltado de uma terra distante e contou que em uma floresta o barro era preto, carregado de chuva. Todas as manhãs um xamã lhe trazia uma substância e numa daquelas manhãs ele lhe revelou sua visão. Uma imagem dela grávida. Então ela sentiu que tinha de esculpir um bebê do tamanho de uma mão. Depois que tinha de enterrar aquele bebê. Agora ela pode manifestar sua ira. Ela não vai ter um filho com aquele que foi seu amor por dezessete anos.

Ao longo daquela uma hora o fogo se apagou. E agora, está mais de boa, perguntou a pedra reluzente. Sim, respondeu nossa vizinha. Sim, está mais de boa.

Você não vai ficar sabendo da notícia. Você vai ouvir por aí. Você não vai ter noção de todas as consequências. Você vai querer controlar tuas emoções e elas vão transbordar.

Você vai achar que as lágrimas acabaram. E elas voltarão. Vai achar que já passou. E elas voltarão. O tamanho e a quantidade delas vão te impressionar. Elas vão te fazer cair no chão. Vão entupir teu nariz. Tua boca vai se abrir para respirar.

Você vai pensar que teu corpo está esgotado. Ele vai te fazer dormir o suficiente para que você se levante.

Você vai adivinhar. O vazio do que se foi não se vai.

Teu corpo vai engolir para digerir. Você não vai mais acreditar que as crises não vão voltar. Você vai continuar com um nó na garganta e no estômago, com os ombros contraídos. Você vai acordar. Tua situação não será um sonho.

Se estiver fazendo sol, tua sensação de isolamento será redobrada.

Você vai temer não ter força o bastante para seguir em frente. Dores passadas vão voltar. Você vai achar que quando você estava bem era só um parêntese.

Você vai dissimular menos teus sentimentos. Se abrir para os outros vai fazer com que eles se abram. Visto que você vai revelar aquilo que jamais revelou, alguns vão relevar aquilo que jamais revelaram.

Você vai pedir socorro. Se te ouvirem, não te abandonar vai parecer uma necessidade. Vão vir, vão te escutar, vão falar contigo. Você não vai escutar tudo.

Você vai buscar ficar só para cair de novo no chão, entupir o nariz, abrir a boca, se esgotar para pegar no sono. De novo.

Você não vai ligar para o que está comendo. Você vai perder peso. As noites vão parecer intermináveis. A chegada da manhã vai te reconfortar. Vão te dizer que isso não acontece só contigo. Para ti isso vai ser uma novidade. Vão te dizer que o tempo é o melhor remédio. Ele vai passar insuportavelmente devagar.

Você vai ter a sensação de que quem que se foi poderia ser um remédio. Quando estava ali, você não sabia.

Você não vai mais se preocupar com ter um lar. Você vai arrumar menos, vai lavar menos. Você vai perder objetos. Se te roubarem, tanto faz.

Tua dor vai te roubar meses. Se tivessem te dito que, depois de tanto tempo, ela ainda estaria tão presente, você jamais teria imaginado que aguentaria.

Você já terá dito tudo e vai seguir repetindo. Preocupados, alguns vão topar te escutar. Antes, nem sempre você se deu conta da benevolência deles. Você vai despertar uma fragilidade nos outros que, por sentimento de impotência, vão ficar com medo ou se afastar.

Você vai se sentir doente. Teu corpo vai funcionar. Você vai ter a impressão de que o ambiente existe apesar de você. A impressão de não decidir sobre tuas ações. A impressão de que aquelas semanas, e depois aqueles meses, conformam um espaço. Um espaço uniforme.

As estações do ano vão passar sem que você note uma diferença entre elas.

No entanto, estranhamente, algumas emoções serão intensificadas. Cenas vão te emocionar. Pessoas na rua, uma barriga de grávida. Uma pessoa doente. Um bicho. Alguém isolado. Você vai agradecer por essas emoções.

Você vai adivinhar que uma comunidade sente o mesmo vazio que você. Pessoas que não se conhecem, que sentem sua provação como única e duvidam poder superá-la. Você vai adivinhar uma massa ultrapassando eras, alcançando gerações distantes.

Você vai perceber que bichos têm emoções parecidas com as tuas. Você vai tirar sarro do controle das tuas pulsões, vai tirar sarro da tua imagem. Você vai se sentir capaz de comportamentos insensatos. O perigo te será indiferente. Você vai passar reto por um retorno na estrada. Você vai se dessincronizar, vai se atrasar, às vezes vai chegar no dia seguinte, às vezes dois dias depois.

Ter um lar vai te parecer uma sorte reservada a outros. Todos planejam o que vão fazer amanhã. Tantos projetos. Aqueles gestos coordenados. Aqueles instintos controlados. Aquela organização que funciona. Tudo aquilo vai parecer miraculoso. Os ônibus chegam no horário. Têm motoristas. É só pagar e se sentar.

Você vai julgar a pessoa que você era como invejável e ingênua. Aquela existência funcional também não foi você quem escolheu. Nem você tinha consciência daquilo.

Um dia você vai compreender que tua dor criou um laço entre você e o que você perdeu. Que para voltar ao mundo é preciso querer não sofrer. E, para não sofrer mais, aceitar ter perdido o que você não queria perder. Não ainda.

Se te dissessem que depois daqueles meses você teria de começar um luto, você ia achar que não aguentaria. No momento de aceitar a perda você vai achar que está abandonando.

Antes, tua situação teria te dado medo. Você já vai estar dentro. Você não vai mais ter vergonha de que tuas emoções transbordem, de pedir ajuda, de parecer um bicho. Tuas emoções já terão transbordado.

Um dia você vai observar tuas emoções de fora. Você vai observar tuas emoções transbordarem de uma outra pessoa. Uma pessoa no chão ou de pé. Você vai sentir aquilo como se estivesse acontecendo contigo. Você também vai saber que aquilo não está acontecendo contigo.

Você vai se lembrar daquilo que você era. Vai ter piedade daquela pessoa que ia chorando cada vez mais devagar porque seu nariz estava se entupindo de ranho. Sem aquelas semanas, você não teria empatia por aquela pessoa. Sem aqueles meses, você não lhe daria atenção.

Imperceptivelmente, você vai deixar de acreditar que a dor vai te unir àquilo que você perdeu. Você ainda vai repetir isso. Mas por menos tempo. Você vai compreender que pessoas próximas tiveram paciência. Tua dor será menos comunicada. Afastados, alguns vão se reaproximar.

Alguns dias por semana, ao invés de várias vezes por dia, as lágrimas vão voltar. Às vezes no chão.

Você vai achar que nunca mais vai encontrar o que perdeu, nem quem você era. Você vai querer ir embora. Acordar em outro lugar.

Você não vai saber se é uma fuga.

Pessoas próximas vão te encorajar.

Você vai jogar coisas fora, vai mudar objetos de lugar, colocar roupas novas. Vão te dizer que teu rosto mudou.

Teu vazio vai te deixar mais leve. Você vai pressentir uma força. Não vai ter tanto medo de viver situações desconhecidas, vai ter a sensação de ter atingido um limite de vulnerabilidade, e de tê-lo suportado.

Você vai saber que se as crises voltarem, não serão mais tão fortes nem tão frequentes.

Será que tua empatia vai embora com a vulnerabilidade? Você vai esperar que não. Vai esperar não se encaixar de volta em um funcionamento cotidiano, automático, normal, ingênuo.

As estações do ano vão passar.

Você vai olhar para onde você está vivendo. Alguns objetos não vão mais estar lá.

Teu vazio vai ser uma situação conhecida. Você vai ter medo de não ter vivido o bastante esse vazio. Sim, medo de fugir dele ao viver outra coisa. E, ao fugir, que ele retorne quando você estiver em outro lugar.

Você vai para outro lugar.

O que vem a seguir é em parte desconhecido.

Bruxelas-Montreal, 2012-2017

Agradecimentos a Célestin de
Meeûs, Julie Deporte e Antoine Wauters.

Cara leitora, caro leitor

A **Aboio** é um grupo editorial colaborativo.

Começamos em 2020 publicando literatura de forma digital, gratuita e acessível.

Até o momento, já passaram pelos nossos pastos mais de 500 autoras e autores, dos mais variados estilos e nacionalidades.

Para a gente, o canto é conjunto. É o aboiar que nos une e que serve de urdidura para todo nosso projeto editorial.

São as leitoras e os leitores engajados em ler narrativas ousadas que nos mantêm em atividade.

Nossa comunidade não só faz surgir livros como o que você acabou de ler, como também possibilita nos empenharmos em divulgar histórias únicas.

Portanto, te convidamos a fazer parte do nosso balaio!

Todas as apoiadoras e apoiadores das pré-vendas da **Aboio**:

—— **têm o nome impresso nos agradecimentos de todas as cópias do livro;**
—— **são convidadas a participarem do planejamento e da escolha das próximas publicações.**

Fale com a gente pelo portal **aboio.com.br,** ou pelas redes sociais (**@aboioeditora**), seja para se tornar uma voz ativa na comunidade **Aboio** ou somente para acompanhar nosso trabalho de perto!

Vem aboiar com a gente. Afinal: **o canto é conjunto.**

Apoiadoras e apoiadores

100 pessoas apoiaram o nascimento deste livro. A elas, que acreditam no canto conjunto da **Aboio**, estendemos os nossos agradecimentos.

Adriana Sobreira Torres
Adriane Figueira
Alexander Hochiminh
Allan Gomes de Lorena
Ana Carla Rodrigues Ribeiro
André Balbo
André Pimenta Mota
Andreas Chamorro
Anthony Almeida
Arthur Lungov
Bianca Monteiro Garcia
Caco Ishak
Caio Girão
Calebe Guerra
Camilo Gomide
Carla Guerson
Cecília Garcia
Cintia Brasileiro
Cleber da Silva Luz
Cristina Machado
Daniel Dago
Daniel Giotti
Daniel Guinezi
Daniel Leite
Daniela Rosolen
Danilo Brandao
Denise Lucena Cavalcante
Dheyne de Souza
Edmar Guirra
Eduardo Rosal
Febraro de Oliveira
Flávia Braz
Flávia Chornobai
Flávio Ilha
Francesca Cricelli
Franklin Alves Dassie
Frederico da Cruz
Vieira de Souza
Gabo dos livros
Gabriel Cruz Lima
Gabriela Machado Scafuri
Gael Rodrigues

Giselle Bohn
Guilherme da Silva Braga
Gustavo Bechtold
Gustavo Scherbaty
Henrique Emanuel
Jadson Rocha
Jailton Moreira
João Luís Nogueira
Joca Reiners Terron
Júlia Vita
Juliana Costa Cunha
Juliana Slatiner
Laís Araruna de Aquino
Laura Redfern
Laura Redfern Navarro
Leitor Albino
Leonardo Pinto Silva
Lolita Beretta
Lorenzo Cavalcante
Lucas Ferreira
Lucas Lazzaretti
Lucas Verzola
Luciano Cavalcante Filho
Luciano Dutra
Luis Felipe Abreu
Luísa Machado
Manoela Machado Scafuri
Marcela Roldão
Marceli Mengarda
Marco Bardelli
Marcos Vinícius Almeida
Marcos Vitor Prado de Góes

Maria Inez Frota
    Porto Queiroz
Mariana Donner
Marina Lourenço
Maryelen Hissae Miyoshi
Mateus Torres Penedo Naves
Mauro Paz
Milena Martins Moura
Minska
Natalia Timerman
Natália Zuccala
Natan Krutzsch
Natan Schäfer
Otto Leopoldo Winck
Paula Maria
Paulo Scott
Pedro Torreão
Pietro Augusto Portugal
Rafael Mussolini Silvestre
Rodrigo Barreto de Menezes
Sergio Mello
Sérgio Porto
Tatiana Calvoso
Thais Fernanda de Lorena
Thassio Gonçalves Ferreira
Valdir Marte
Wellington Ricardo
    Soares da Silva
Weslley Silva Ferreira
Yvonne Miller

EDIÇÃO Leopoldo Cavalcante

TRADUÇÃO Natan Schäfer

PREPARAÇÃO Arthur Lungov

COMUNICAÇÃO Luísa Machado

REVISÃO Marcela Roldão

FOTO DA CAPA Hugo Clarence Janody

2024 © da edição Aboio. Todos os direitos reservados
© do texto Jérôme Poloczek. Todos os direitos reservados
© da tradução Natan Schäfer. Todos os direitos reservados
© da orelha Cesare Rodrigues. Todos os direitos reservados
© da foto Hugo Clarence Janody. Todos os direitos reservados

Grafia atualizada segundo o Acordo Ortográfico da Língua Portuguesa de 1990, que entrou em vigor no Brasil em 2009.

Os personagens e as situações desta obra são reais apenas no universo da ficção: não se referem a pessoas e fatos concretos, e não emitem opinião sobre eles.

Dados Internacionais de Catalogação na Publicação (CIP)
Tábata Alves da Silva — Bibliotecária — CRB-8/9253

Poloczek, Jérôme
   Aotubiografia / Jérôme Poloczek ; tradução Natan Schäfer. -- São Paulo : Aboio, 2024.

   Título original: Autubiographie.
   ISBN 978-65-85892-15-5

   1. Literatura francesa I. Título.

24-190250   CDD-843

Índices para catálogo sistemático:
1. Autobiografia romanceada : Literatura francesa

[2024]

Todos os direitos desta edição reservados à:

ABOIO

São Paulo — SP
(11) 91580-3133
www.aboio.com.br
instagram.com/aboioeditora/
facebook.com/aboioeditora/

Esta obra foi composta em Adobe Garamond Pro
O miolo está no papel Pólen® Natural 80g/m².
A tiragem desta edição foi de 300 exemplares.
A impressão é das Gráficas Loyola (SP/SP).

[Primeira edição, março de 2024]